LA
VÉRITÉ SANS FARD,

SORTIE DE SON PUITS,

CONVAINQUANT DE CHARLATANISME NOS SOI-
DISANT RÉFORMATEURS D'ÉCOLES PRIMAIRES,
ET DONNANT LES VRAIS PRINCIPES DE LA
PRONONCIATION ET DE LA LECTURE ;

Par M. SAUGIER,

Auteur de la Grammaire dans tout son jour.

MARSEILLE.

IMPRIMERIE D'ACHARD, RUE St-FERRÉOL, N° 64.

1830.

LA VÉRITÉ SANS FARD,

SORTIE DE SON PUITS,

Convainquant de charlatanisme nos soi-disant réformateurs d'écoles primaires et donnant les vrais principes de la prononciation et de la lecture.

Démonstration mathématique.

La lecture n'exige que trois choses : la connaissance des expressions de quarante-quatre sons, l'addition de ces mêmes sons, et l'élision de l'*e* muet. Par exemple : dans le mot *abstraction*, je vois d'abord un *a*, et je dis *a*; mais au lieu de dire *a*, *be*, je dis : *ab*, en élidant, c'est-à-dire en supprimant rapidement l'*e* muet qu'on attribue à la consonne, par supposition ; au lieu de dire *abse*, je dis : *abs*; au lieu de dire *abste*, je dis : *abst*; au lieu d'*abstre*, je dis : *abstr*; en ajoutant *a*, j'ai *abstra*; ensuite vient le son *que*, *abstrac*, puis *ce* et *ion*, *abstraction*. Voilà, sans contredit, ce que tout le monde fait en parlant, aussi bien qu'en lisant, et tout se réduit à l'addition des sons et à l'élision de l'*e* muet. Etudiez donc bien peu-à-peu avec vos élèves une demi-page, comme nous venons d'étudier le mot abstraction, et ils en sauront assez pour apprendre tout seuls.

1 *

(4)

Nota. C'est en regardant et en écoutant que l'on apprend à bien lire. Il faut donc absolument que le maître prenne la peine de lire posément et bien distinctement le premier chaque nouvelle leçon. Les leçons n'étant jamais trop longues, l'élève les répète avec plaisir ; en sorte que si vous avez dix écoliers de la même portée, et que chacun deux répète tour-à-tour, à haute voix, devant vous, la même leçon, l'émulation s'en mêle, et les règles tournent très-facilement en habitude. C'est en même tems un excellent moyen pour fortifier la mémoire et pour apprendre une infinité de choses. J'ai vu des enfans qui, par ce seul procédé, avaient appris toute l'histoire sainte, en deux mois. Mais le choix des livres fait beaucoup. Il n'en est point de plus merveilleux pour apprendre facilement à lire et à bien lire, que le Magasin des enfans ; parce qu'il intéresse et qu'il est d'un style agréable et familier.

Quand on sait lire tout ce qui est imprimé en petits caractères, on apprend aisément à connaître les majuscules par le moyen du sens et de la liaison des idées. Mais il faut, sans épeler, apprendre à dire : *ai, au, eu, oi, ou, ui, an, ian, ain, ien, oin, on, ion, un*, comme l'on apprend à dire : *a, e, i, o, u*, 13, 14, 15, 20 ; car, en mathématiques on n'épelle jamais. En étudiant et jusqu'à ce qu'on sache lire on néglige les lettres finales *s, x, t*, qui servent à faire des liaisons.

Dans le tableau ci-après j'indique, par des syllabes muettes, en lettres italiques, le son, l'effet, la valeur et le nom des consonnes. Les différentes expressions du même son y sont placées perpendiculairement les unes sur les autres.

Tableau synoptique,

qu'il faut savoir à fond.

a   e   i   o   u

e	é	et	ô			
eu	er	ê	au	oi	ou	ui
oeu	ez	ai	eau	ois	ous	uie
		ais		oit	oux	uis
		ait			out	uit
		aient				

am   oin

an	ian	im	ien	oin	om		um
em		aim			on	ion	un
en		ain					eûn
		ein					

| b | c | qu | ch | d | f | g | j | l | m | n | p |
| be | que | que | che | de | fe | gue | je | le | me | ne | pe |

| r | s | t | v | x | z. | | | |
| re | se | te | ve | kce | ze | | | |

gna		ail
gne		eil
gni		euil
gno		ille
		ouille

La lettre *h* ne sonne jamais, ce n'est qu'un signe d'étymologie ou d'aspiration.

Modèle à étudier

comme nous avons étudié *abstraction*.

Nota. C'est pour la facilité des élèves que nous supprimons, dans ce modèle, les lettres inutiles.

Il y avait une fois un roi qui était si honête home que ses sujets l'apelaient le roi bon. Un jour qu'il était à la chasse, un petit lapin blan que les chiens alaient tuer, se jeta dans ses bras. Le roi caressa ce petit lapin et dit : puisqu'il s'est mis sous ma protection, je ne veux pas qu'on lui fasse de mal. Il porta ce petit lapin dans son palais et lui fit doner une jolie petite maison et de bones herbes à manger. La nuit quand il fut seul dans sa chambre, il vit paraître une belle dame. Elle n'avait point d'habit d'or ni d'argent; mais sa robe était blanche come la neige et au lieu de coifure, elle avait une courone de roses blanches sur la tête. Elle lui dit : je suis la fée Candide, je passais dans le bois pendant que vous chassiez, et j'ai voulu savoir si vous étiez bon come tout le monde le dit. Pour cela, j'ai pris la figure d'un petit lapin et je me suis sauvée dans vos bras, parce que je sais que ceux qui ont de la pitié pour les bêtes en ont encore plus pour les homes ; et si vous m'aviez refusé votre secours, j'aurais cru que vous étiez méchant. Je viens vous remercier du bien que vous m'avez fait, et vous assurer que je serai toujours de vos amies. Vous n'avez qu'à me demander tout ce que vous voudrez, je vous promets de vous l'accorder.

Dès à-présent, les élèves étudieront seuls pour se préparer à lire couramment en présence du maître.

CONTINUATION.

Madame, dit le bon roi, puisque vous êtes une fée, vous devez savoir tout ce que je souhaite. Je n'ai qu'un fils que j'aime beaucoup ; et pour cela on l'a nomé le prince *Chéri.* Si vous avez quelque bonté pour moi, devenez la bone amie de mon fils. De bon cœur, lui dit la fée ; je puis rendre votre fils le plus beau prince du monde, ou le plus riche, ou le plus puissant ; choisissez ce que vous voudrez pour lui. Je ne désire rien de tout cela pour mon fils, dit le roi, que lui servirait-il d'être beau, riche, d'avoir tous les royaumes du monde, s'il était méchant ? Vous savez bien qu'il serait malheureux , et qu'il n'y a que la vertu qui puisse le rendre content. Vous avez bien raison, lui dit Candide ; mais il n'est pas en mon pouvoir de rendre le prince *Chéri* honête home malgré lui. Il faut qu'il travaille lui-même à devenir vertueux ; tout ce que je puis vous promettre, c'est de lui doner de bons conseils, de le reprendre de ses fautes, et de le punir, s'il ne veut pas se coriger et se punir lui-même. Le bon roi fut fort content de cette promesse, et il mourut peu de tems après.

Le prince *Chéri* pleura beaucoup son père, car il l'aimait de tout son coeur ; et il aurait doné tous ses royaumes, son or et son argent pour le sauver, si ces choses étaient capables de changer l'ordre du destin. Deux jours après la mort du bon roi, *Chéri* étant couché, Candide lui aparut. J'ai promis à votre père, lui dit-elle, d'être de vos amies, et pour tenir ma parole, je viens vous faire un présent. En même tems, elle mit au doigt de *Chéri* une petite bague d'or, et lui dit : gardez bien cette bague ; elle est plus précieuse que les diamans : toutes les fois que vous ferez une mauvaise action , elle vous piquera le doigt.

Mais si, malgré sa piqûre, vous continuez cette mauvaise action ; vous perdrez mon amitié, et je deviendrai votre ennemie. **En** finissant ces paroles, Candide disparut et laissa *Chéri* fort étoné. Il fut quelque tems si sage que la bague ne le piquait point du tout ; cela le rendait si content, qu'on ajouta au nom de *Chéri* qu'il portait, celui d'*Heureux*.

Quelque tems après, il fut à la chasse, et il ne prit rien ; ce qui le mit de mauvaise humeur. Il lui sembla alors, que sa bague lui pressait un peu le doigt ; mais come elle ne le piquait pas, il n'y fit pas beaucoup d'atention. En rentrant dans sa chambre, sa petite chienne *Bibi* vint à lui en sautant pour le caresser. Il lui dit : retire-toi, je ne suis plus d'humeur de recevoir tes caresses. La pauvre petite chienne qui ne l'entendait pas, le tirait par son habit, pour l'obliger à la regarder au moins. A la fin, cela impatienta *Chéri*, qui lui dona un grand coup de pied. Dans le moment, la bague le piqua, come si c'eût été une épingle. Le prince fut bien étoné, et s'assit tout honteux, dans un coin de sa chambre. Il disait en lui-même : je crois que la fée se moque de moi. Quel grand mal ai-je fait de doner un coup de pied à un animal qui m'importune ? A quoi me sert-il d'être maître d'un grand empire, puisque je n'ai pas la liberté de batre mon chien ? Je ne me moque pas de vous, dit une voix qui répondit à la pensée de *Chéri*, vous avez fait trois fautes au lieu d'une : vous avez été de mauvaise humeur, parce que vous n'aimez pas à être contredit, et que vous croyez que les bêtes et les homes sont faits pour vous obéir. Vous vous êtes mis en colère, ce qui est fort mal, et puis vous avez été cruel à un pauvre animal qui ne méritait pas d'être maltraité ; car, si c'était une chose raisonable et permise que les grands pussent maltraiter tout ce qui est au-dessous d'eux, je pourais à ce moment vous batre, vous tuer, puisqu'une fée est plus qu'un home. Chéri avoua sa faute et promit de se coriger ; mais il ne tint pas sa parole. Il avait été élevé par une sote nourice qui l'avait gâté, quand il était petit. S'il voulait avoir une chose, il n'avait qu'à pleurer, se dépiter, fraper du pied, cette femme lui donait tout ce qu'il demandait, et cela l'avait rendu opiniâtre. Elle lui disait aussi depuis le matin jusqu'au soir, qu'il serait roi, un jour, et que les rois étaient fort heureux, parce que tout le monde était obligé de les respecter, de leur obéir, et qu'on ne pouvait les empêcher de faire ce qu'ils voulaient. Quand *Chéri* fut grand garçon et raisonable, il vit bien qu'il n'y avait rien de si vilain que d'être fier, orgueilleux, opiniâtre : il fit quelques efforts pour se coriger ; mais il avait contracté la mauvaise habitude de tous ces défauts, et une mauvaise habitude est bien dificile à détruire. Ce n'était pas que le prince eût naturellement le cœur méchant. Il pleurait de dépit quand il avait fait une faute, et il disait : je suis bien malheureux d'avoir à combatre tous les jours contre ma colère et mon orgueil ; si l'on m'avait corigé quand j'étais jeune, je n'aurais pas tant de peine aujourd'hui. Sa bague le piquait bien souvent. Quelquefois, il s'arêtait tout court. D'autres fois, il continuait. Et ce qu'il y avait de singulier, c'est que la bague ne le piquait qu'un peu, pour une légère faute ; mais quand il était méchant, le sang sortait de son doigt. Enfin, cela impatienta tellement *Chéri*, qu'il jeta sa bague. Il se crut le plus heureux des homes ; quand il se vit débarassé de ses piqûres ; il s'abandona à toutes les sotises qui lui vinrent dans l'esprit, en sorte qu'il devint très-méchant et que persone ne pouvait plus le soufrir.

Voici maintenant toutes les règles de la bonne prononciation. Les maîtres les expliqueront en tems et lieu, dans le cours de la lecture.

Le *t* sonne durement comme à l'ordinaire dans les mots sur lequels on peut faire la question *qui !* *nous étions, nous sentions, nous sortions, nous partions, nous portions ;* ainsi que dans *bastion, digestion, indigestion, mixtion, garantie, hostie, ortie, partie, rôtie, sortie, chrétien, Etienne, entretien, maintien, soutien,* le *tien,* la *tienne,* je *tiens,* tu *tiens,* il *tient,* ils *tiennent,* j'*appartiens,* et autres composés de *tiens.*

Mais, en général, le *t* a le son de *ce* avant les sons : *ie, ia, ian, ien, ieu, ion.* Exemples : *Béotie, Croatie, Dalmatie, ineptie, minutie, primatie, prophétie,* il *balbutie, abbatial, initial, martial, propitiation, propitiatoire, patient, patience, patiemment, patienter, impatient, impatience, impatiemment, impatienter, quotien, capétien, Dioclétien, Domitien, Gratien, potitien, egyptien, vénitien, ambitieux, captieux, factieux, action, bénédiction,* etc.

L'*e* est faible, presque insensible ou muet, 1° lorsque dans le corps du mot il est suivi d'une seule consonne et sans accent, comme dans *amusement, devenir, redevenir,* 2° quand il est la dernière lettre du mot et sans accent : *aide, aigle,* etc., 3° avant l'*s* final qui marque pluralité : les *hommes* et les *femmes,* 4° dans la terminaison des verbes, c'est-à-dire, des mots sur lesquels on peut faire la question *qui !* ou *qui est-ce qui !* Exemples : *les enfans* s'amusent *et ils* n'écoutent *point*. Ceci n'est pas aussi difficile qu'on le pense, car si vous disiez : les enfans s'amusant et ils n'écoutant point, il n'y aurait pas un enfant de cinq ans qui ne se moquât de vous ; 5° avant deux *ss : dessus, dessous, ressort, ressortir, cresson, ressource.*

L'*e* est aigu et se prononce clairement *é*, quand il est marqué d'un accent aigu, comme dans *répété*, et dans les terminaisons *e r, e z. Vous chantez, berger ! venez chez moi ; passez le premier ; ne criez pas tant, M. Roger.* Puis dans *respect, respecter, resplendissant, ressusciter, restituer.* Il est encore aigu lorsque étant la première lettre du mot il est immédiatement suivi d'un *f*, d'un *s* ou d'un *x : effacer, estime, exciter, exemple.*

Nous avons une trentaine de mots où l'on prononce *erre* la terminaison *er ; belveder, cancer, cher, éther, fer, enfer, hier, hiver, Jupiter, Lucifer,* la *mer, amer, Nevers,* un *ver, vers, vert,* du *verre, pervers, revers, travers, univers, frater, magister, pater,* je *sers,* tu *sers,* il *sert,* je *dessers,* tu *dessers,* il *dessert,* le *dessert,* le *désert,* je *ressers,* tu *ressers,* il *ressert, concert.*

Mais, en général, l'*e* est ouvert bref et il exprime nécessairement le son *et*, 1° avant deux consonnes : *épellation, excellent, flagellation, intelligence, aberration, intervenir,* nous *promettons,* vous *promettez* ; 2° dans *les, des, mes, tes, ces, ses.* 3° avant une consonne finale qui ne marque point de pluriel : *près, après, abcès, accès, congrès, décès, procès, jet, projet, caleb, bec, sec, éter-*

nel. ; 4° avant la syllabe finale faible et, pour ainsi dire, muette : *mène*, *amène*, *emmène*, *père*, *mère*, *frère*, *achète*, *achève*, *deuxième*, etc.

L'*e* ouvert long est marqué d'un accent circonflexe : *diadême*, *emblême*, *pêle-mêle*, *mêler*, *bêler*, *même*.

Le *que* en demi-cercle (*c*) prend le son de *se* quand il a une cédille, et avant un *e*, ou un *i*.

Avant un *e* ou un *i*, le *gue* (*g*) sonne comme *je* et se nomme *je*. On mouille *gn* après une voyelle : *agneau*, *Ignace*, *ignare*, *ignoble*, *ignorant*, *digne*, *vigne*, *magnanime*, *magnificence*, *magnifique*, *incognito*, *cygne*, *signe*, *signer*, *signifier*, *saigner*.

Mots dans lesquels ch prend le son de que.

Achab, anachorète, Antiochus, Arachné, archange, archétype, archiépiscopal, archiépiscopat, Cham, Chanaan, chaos, chloris, chrétien, christianisme, Christ, Jésus-Christ, catéchumène, le saint chrême, Chersonèse, chiromancie, chorus, chœur, orchestre, chronologie, chronique, eucharistie, eucharistique, Machabée, Melchisédech, Nabuchodonosor, Synecdoche, Zacharie.

Dans les mots ci-après, et dans ceux qui en sont formés, la lettre h *fait aspirer la syllabe.*

Hableur, hache, hacher, hagard, la haie, la haine, haïr, la haire, le hâle, la halle, halte, hameau, hanche, hangar, hanneton, hanter (*fréquenter*), hennir, hennissement (*prononcez hanir*), une haquenée, la harangue, harasser, harceler, hardes, hardi, hareng, hargueux, haricot, haridelle, harnais, harpe, harpie, hasard, hâte, hâter, haut, Hâvre, hérisser, hérisson, héros, herse, hêtre (*arbre*), heurter, hibou, hideux, holà! Hollande, honte, hoquet, hormis, hors, dehors, hotte, houblon, housard, houssard, hussard, housse, huche, huer, humer, huppe, hure, hurler, hutte, enhardi, enharnaché, ah! ha! eh! oh! ho! le Hainaut, Hongrie, Hambourg, Haguenau.

Il n'y a point d'aspiration dans *héroïne*, *héroïsme*, *héroïque*.

La lettre *l* ne se prononce point dans *baril*, *chenil*, *fénil*, *fusil*, *outil*, *coutil*, *gentil*, *fils* (enfant), les *gentilshommes*.

Des *l* mouillés.

De l'ail, que j'aille, que tu ailles, qu'il aille, qu'ils aillent, aiguille, anguille, attirail, avril, habiller, bail, bercail, billard, bille, billot, bouillie, bouillir, breuil, Dubreuil, caille, camail, canaille, carrillon, carrillonner, cédille, conseil, cueillir, détail, deuil, écaille, écueil, écureuil, émail, émailler, épouvantail, éventail, famille, fauteuil, ferraille, feuille, feuillet, fille, funérailles, fusiller, gaillard, un gentilhomme, gentille, habiller, juillet, lentille ou nentille, linceul, le jeu de mail, une maille, un maillet, mantille, marguiller, merveille, merveilleux, mitraille, mil (*sorte de grain*), mouiller, muraille, noail, paille, papillon, papillote, pareil, patrouille, pavillon, peccadille, péril, périlleux, œil ou œuil, bouteille oreille , orteil , bienveillance , malveillance , éveiller, réveil, réveiller, la veille, veiller, vieil, vielle , vieillesse , sérail , soleil , sommeil , sommeiller, taille , tailler, tirailler, travail, travailler, vermeil, vermeille , vermillon , vétille , orgueil , orgueilleux.

L'*y* sonne comme un autre *i. Il y est, il y va, j'y vais* , tyran, hymen. Mais entre deux voyelles l'*y* équivaut à deux *ii :* ayant , doyen , moyen , payen , mitoyen , citoyen.

A , i , se prononcent comme *é , aî* , dans *mais paix , frais ,* je *fais ,* tu *fais ,* il *fait* , et dans les mots de plusieurs syllabes tels que : *faire , fraise , laisser, baisser.*

Exception : *a , i ,* se prononcent comme un *é* aigu dans j'*ai ,* je *sais ,* tu *sais ,* il *sait ,* un cheval *bai* , et à la fin des tems passés ou futurs comme : j'*étudiai ,* j'*étudierai ,* ainsi que dans les mots qui commencent par *a , i , aimé , aîné , aiguille ,* etc.

Les lettres *m , n ,* étant à la fin du mot ou suivies d'une consonne, s'unissent à la voyelle qui les précède, pour exprimer le son guttural, qu'on nomme improprement nasal. Prononcez comme dans le mot *chant* et dans le mot *enfant* , les sons : *am , an , em , en.* Prononcez comme dans la *faim* , la *fin* , les sons : *aim , ain , ein , im , in.* Prononcez comme dans *rond* , les sons : *om , on.* Et comme dans *parfum* , les sons *um , eun , un.*

Quant à la division des syllabes dont M. *Laffore* a parlé avec tant d'emphase, elle est si naturelle qu'elle n'exige aucun principe. Les plus ignorans , les perroquets même et autres oiseaux y réussissent aussi bien que nous : après avoir dit *abs;* on est forcé par la nature de l'organe d'articuler de nouveau, pour dire *trac*, etc. Il est encore aisé de voir, qu'une seule consonne entre deux voyelles, appartient naturellement à la voyelle qui suit ; si l'on disait : *am-us-em-ent*, le mot serait dénaturé et vide de sens. Il est donc évident qu'il faut dire *a-mu-se-ment*.

Généralement parlant, il faut regarder comme nulle et non avenue la première consonne double et la supprimer entièrement en lisant : c'est pourquoi nous la supprimons dans le modèle à étudier en débutant.

On prononce *an*, dans *enivré, enivrer, enivrement, s'enorgueillir*. On prononce *ian*, dans *audience, fayence, Mayence, obédience, efficient, émollient, expédient, expérience, inconvénient, ingrédient, patient, patience, patiemment, patienter, quotient, science, conscience, sciemment, insciemment, consciencieux, consciencieusement*.

La lettre *p* ne se prononce point dans *baptême, baptiser, baptistaire, exempt, exempter, comptable, comptant*, argent *comptant, compte, compter, compteur, comptoir, sept, septième, septièmement, symptomatique, symptôme*.

On prononce les deux *rr* dans *aberration, irradiation, irraisonnable, irrécusable, irréfragable, irrégulier, j'acquerrai, j'acquerrais, je courrai, je courrais, je mourrai, je mourrais*.

La lettre marquée d'un tréma (*deux petits points*), se prononce séparément de celle qui se trouve devant ; exemples : *Esaü, Saül, arguër, aiguë, ambiguë, ciguë, la ruë, la vuë, haïr*, nous *haïssons, héroïque*, etc.

Au commencement du mot et avant une voyelle

ou une *h* insensible, *ex* se prononce comme *egz* :
examen, *exécution*, *exil*, *exorde*, *exhortation*,
exhumation.

Prononciation.	Orthographe.	
Ageïn, —	Agen.	
Aisse,	Aix.	
Ausserre,	Auxerre.	
Aussonne,	Auxonne.	Villes.
Brusselle,	Bruxelles.	
Bussière,	Buxière.	
Can,	Caen.	
Oût,	août.	
Oûteron,	aoûteron.	
Aoûté,	aoûté.	
Oriste,	aoriste.	
Abdomène,	abdomen.	
Amène,	amen.	
Cérumène,	cérumen.	
Examène,	examen.	
Hymène,	hymen.	
Dictamène,	dictamen.	
Dâner,	damner.	
Dânable,	damnable.	
Condânable,	condamnable.	
Condâner,	condamner.	
Amenistie,	amnistie.	
Calomenie,	calomnie.	

Prononciation.	Orthographe.
Déficite,	déficit.
Éco,	écho.
Éco,	écot, *quote part.*
Ékuestre,	équestre.
Ékuilatéral,	équilatéral.
Fame,	femme.
Famelette,	femmelette.
Fan,	faon.
Faner,	faonner.
Lan,	Laon, *ville.*
Sône, *autrefois*	Saône, *ville.*
Pan,	paon, *oiseau.*
Gajure,	gageure.
Cangrène,	gangrène.
Cangrené.	gangrené.
Jê,	geai, *oiseau.*
Indameniser,	indemniser.
Indamenité,	indemnité.
Instint,	instinct.
Introïte,	introït.
Jadice,	jadis.
Un lé,	un legs.
Un lice,	un lis.
Des fleurs de li,	des fleurs de lis.
Opiome,	opium.
Orémusse,	oremus.

Pronociation.	Orthographe.
Péi,	pays.
Péisan,	paysan.
Péisane,	paysanne.
Péisage,	peysage.

On ne fait presque point sentir l'i de ces quatre derniers mots.

Pupile,	pupille.
Kê,	quai.
Agamèmenon,	Agamemnon.
Émanuel,	Emmanuel.
Hymene,	hymne.
Dilème,	dilemme.
Jérusalème,	Jérusalem.
Sel gème,	sel gemme.
Décèmevire,	décemvir.
Ephraïme,	Ephraïm.
Sélime,	Sélim.
Automenal,	automnal.
Décennenal,	décennal.
Triennenal,	triennal.
Somenambule,	somnambul.
Kueinkuennenal,	quinquennal.

On fait sentir l'u dans à quia.

On prononce coua *dans tous les mots ci-après :* quadragénaire, quadragésimal, quadragésime, quadrangulaire, quadrat (*terme d'imprimerie*), quadratrice, quadrature, quadrifolium, quadrige, quadrilatéral, quadrilatère, quadrinome, quadrupède, quadruple, quadrupler, quaternaire; quaterne, aquatile, aquatique, équateur, équation.

Il faut prononcer cucincoua *dans* quinquagénaire, quinquagésime.

Des liaisons.

Quand il n'y a ni *point*, ni *virgule* entre deux mots, si le premier se termine par une consonne et que l'autre commence par une voyelle ou une *h* non aspirée, il faut les lier ensemble en lisant comme un seul et même mot; exemple : *parler à cœur ouvert*, prononcez : *parlé rà cœu rouvert. Ces messieurs s'appliquent à s'instruire*, dites : *s'applique tà*, etc. Le *x* et le *z* se lient comme un *s*, et le *d* comme un *t*.

Exceptions.

1° Les syllabes que la lettre *h* fait aspirer, ne se lient point au mot qui les précède; exemples : *grand héros ! vous nous haïssez, des haricots, des hableurs*, etc.

2° Le *t* de la conjonction *et* ne sonne ni ne se lie jamais; exemples : *et avant tout, agréable et utile, et il m'a dit*, etc.

3° On ne lie pas non plus la lettre *n*, lorsqu'elle est à la fin d'un substantif ou d'un adverbe. Prononcez comme si le *n* était suivi d'une consonne : *intention excellente; pain exquis; vin agréable; un citoyen habile; une personne non éclairée; en vain entreprendriez-vous*, etc.

On prononce encore le *n* avec le son guttural et

sans liaison , dans les expressions semblables aux suivantes : *peut-on être mieux! peut-on être comme cela ! ira-t-on à Rome ! prenez-en un ; je sais bien où vous allez ; il ne fait rien , ou il fait peu de chose.*

Pour peu qu'on ait d'oreille et de goût, on sent bien que la liaison, dans ces cas-là, ferait mauvais effet. Qui plus est, il y aurait équivoque dans les deux premiers exemples ; on croirait d'abord entendre le verbe *naître*, tandis que c'est le verbe *être*.

Mais ordinairement on lie le *n* des mots : *en, on, bien, rien*, au mot qui les suit immédiatement et qui commence par une voyelle, ou un *h* insensible ; exemple : *on apprend en étudiant avec méthode ; un livre bien écrit ; il ne fait rien autre chose ; il n'a rien appris.*

De l'orthographe.

Puisque la grammaire est l'art de parler et d'écrire correctement , il faut convenir que jusqu'à présent , nous n'avons eu que des moitiés de mauvaises grammaires ; car on ne parvient à savoir l'orthographe qu'à force de lire , d'écrire , de copier, de traduire et de consulter le dictionnaire. Véritablement les grammairiens se sont couverts de ridicule par la fameuse et futile distinction d'orthographe de principes et d'orthographe de mots. Il n'est pas une seule espèce de syllabe qui n'ait sa règle fixe : on peut s'en convaincre , j'ose le dire sans vanité, en lisant mon traité d'orthographe qui se vend chez ANFONCE , place Royale , n° 4, à Marseille.

De l'aveu même des savans, la réforme que je propose dans ledit ouvrage est très-désirable et très-facile. En attendant que l'Académie ait statué là-dessus, on peut aisément se conformer à l'usage reçu jusqu'à ce jour, en observant bien les règles que je donne immédiatement après le discours préliminaire, sous le titre : *Orthographe usitée.*

P. S. Avant une voyelle ou une *h* insensible, le *f* du nombre *neuf* se prononce comme un *v : neuf aunes, neuf onces,* etc.

Quand il y a deux *mm* entre deux *ee*, le premier *e* prend ordinairement le son de l'*a*, comme dans *emmener, décemment, éloquemment.*

Toutes les fois qu'il y a deux *nn* entre deux *ee*, on prononce comme dans *ennemi*, que je *prenne*, que je *tienne.*

Immédiatement après la lettre *g*, l'*u*, ne se prononce clairement que dans *aiguille, aiguillon, aiguillonner, aiguisé, aigu, aiguë, ambigu e, arguër, ciguë, contigu e.*

On substitue le son *u* au son *eu* quand le mot commence par *eu : Eucharistie, eucharistique, Eugène, Eulalie, Euphonie, Euphrate, Europe, Européen,* etc., ayant *eu*, j'ai *eu*, j'*eus*, j'*eusse*, nous *eumes*, etc.

N. B. Il faut insister sur le tableau synoptique et sur le premier fragment de la fable, jusqu'à ce qu'on ne s'y trompe plus : dût-on s'en occuper huit jours.

FIN.

[illegible]
[illegible]
[illegible]
[illegible]
[illegible]
[illegible]
[illegible]

[illegible]
[illegible]
[illegible]
[illegible]
[illegible]
[illegible]
[illegible]
[illegible]

[illegible]
[illegible]